必要的迷恋

丘文桥◎著

广西民族出版社

目 录

第一辑 必要的迷恋

- 002　必要的迷恋
- 003　过程
- 005　第七种可能或者结果
- 006　对云
- 007　落花
- 008　声声慢
- 010　一百二十天
- 012　未曾剪辑过的
- 013　我何时如此深切地爱上自己
- 014　坐你身边，我看到的云更加美丽
- 015　写一首你读不懂的诗
- 017　谁与归
- 019　烟火
- 020　与谁
- 021　不写狮子，我将如何存在

023　致你

024　狮子的侧面

025　狮子的心事

028　G2911 路过广州南

029　那些苍茫

031　如果从未相遇，我确信知道答案

032　与狮子谈心

034　观云记

035　纠结

038　致某人

039　一朵花开在一朵花上，次第绽放

040　百分之一

041　只有花是新的

042　年华

第二辑　让花朵尽情绽放

044	让花朵尽情绽放
045	是随着描述燃烧的
046	陌生人
048	另一种人类
050	一杯卡布奇诺旁边的
052	沉默如此茂盛
053	我打他的电话不接
054	两只橙子
055	老了，睡意昏沉了
057	黄昏之后，只有倒影
058	我并非那个人
059	月光美学
060	月出树梢
061	翅膀颂
063	尘埃的履历

064	寂寞论
065	关于鸟的思索,而非词语
066	习惯和赶时间那么相似
067	让寂静,像一张纸一样寂静
068	像一滴雨,安静是一种状态
069	发现
070	这雨下得正好
071	那样的速度
072	从一月到二月,黄夜的经历
073	角度
074	距离
076	我靠着一棵树
077	谁
078	习惯
079	不可能

080　　我以为我必须从梦中醒来

第三辑　时光机

082　　时光机
084　　夜宿佳塘
085　　人生
087　　继续
088　　与己书
089　　经过
090　　结局
091　　恋月者说
092　　忐忑
093　　虚度
095　　掩饰

096	晨读
098	宁静的
100	一只鸽子飞过窗口
101	下大雨了都不知道
103	藕在唇边,莲在眼前
104	春天的苔
106	侧面
107	告白
109	点名
111	比梦重要一些
113	白天　更喧闹一些
115	理发匠
117	不朽
118	偶然
119	对镜子的情意

120	从南方到南方
121	第三人称
123	瞬间
125	时光
126	忒热
127	旧年模样
129	最后一排

第四辑　偶然路过

134	对一颗玉米的命名
136	进城，做一颗黄皮果
137	惊蛰，悬而未决的雨水
138	荷花季
139	荷花劫

140	一匹马和我同时抵达岽山古道
141	我没有吵醒夜色黄姚
142	一个梦
143	赞美诗
145	被莲包围
147	荷花娇艳荡漾
149	双龙沟颂
150	日记：小雪的雪及其他
151	端午抒怀
153	芦荁共
154	路过
156	春风归
157	春风劫
158	春风斩
159	邕江

160	南宁之释
161	各人有各人的南宁
163	睡莲畔所思
164	清明·存照
165	油茶
167	覃塘荷色
169	秋天穿过青秀山
171	聚于斯
172	"在稻穗下乘凉"
173	九洲江已装不下我的爱情
175	陆川（组诗）
182	后记

第一辑

必要的迷恋

必要的迷恋

眼神融入另一方眼神
就有了江河湖海的滋味

而我眼下的亭台楼阁
就是秋波里的一幅水墨
江山影照美如画
绿肥红瘦,浩浩荡荡
迭起的对热爱的练习
天地越来越大
心脏在远山重水中荡漾
春天里的人群各有各的生活

没有人知道
哪颗心会被彼此听见

过程

(一)

那些花瓣在这个季节搭起了桥
偶遇,所有缩短的夜晚
你一定出现,且认真地盛开过
如此温和
却又那么热烈

没有一朵花会像你了,在我面前红着脸
然后随心所欲让花瓣滑落
埋葬欲望
任由自身凋谢
芬芳抚过空气

保持一朵花的娇艳
继续眉来眼去

（二）

平时，我觉得玫瑰花是用来看的
如果阳光正好，偶尔也闻闻
它的香是不是醇？

看着它渐渐枯萎
哪怕它的香味还可能沁人
它应该物尽其用
于是，我一瓣一瓣地摘下
花瓣，洒满四周
我请我的爱人
享受玫瑰的包裹

第七种可能或者结果

可能。结果。
是上唇与下唇之间都难以得出的
结论,没有一种方法和我推心置腹
只是纠结,现在是时候了
相同的斑斓显耀出灿烂
你是一朵玫瑰,盛开到沉醉
我们彼此相爱,交换跳动的心脏
因为我把你从想象里请出来
你用全身的妩媚
描绘整夜的美和寂静
渴望互相缠绕的
燃烧唤醒枯竭的
而非赞美诗

第七种可能或者结果
就着一杯红酒啜饮一生
我那样真诚地爱你
"蝴蝶吻过就是崭新"

对云

我伸手拥抱的时候,云顺从地
转了第一个弯
漫过辽阔的山冈
你倚云,你依次让谦卑、让骄傲
滑落在我快撕裂的手掌
你甚至纵容灿烂的行程,翅膀惊扰了云的方向
惺惺相惜却又千里之外
和风递送的
填补失散多年的情爱
集结了坐立不安
笔直照耀着昨天,那些曾经造型各异的云
在我伸手拥抱的时候
顺从地转了第二个弯
似乎庆贺倚云的快乐
甚至招摇中年质地的隐忍和寂静

落花

接纳阳光赋予我的一切
却意外败给一阵风
小小的落花
秋天总是快人一步

不知写在花蕊的情信还成行吗?
清扫的人会安抚每一朵的心跳吗?
无数次,狡黠的风停下来吗?
风只是过了就过了
停下来
落花,还撒一地
每到这个时候
就可以用诗来祭奠
那些断断续续的
爱情。既成落花
也是稀释了的一滴泪

声声慢

我愿
我是雨,落下来可以滋润眼前的干涸
我甚至想我可以授权一只无名的虫
给你寂寞的夜增添一声尖叫
我也愿
如果我是一颗尘埃,可以
飘落窗台,惹起一句叹息也不错

那些存在的,消失的
那些来来去去的无非都在琢磨明天早餐桌上的
豆浆油条
我愿
荒谬绝伦的情节慢慢简单
不需要再揣摩楼上的拖鞋,它的主人
是男是女

我也愿

和远走他乡的兄弟同时举杯
没有这天遥地远的一杯酒的距离

一百二十天

我在四周虚构春暖花开
每个夜晚,苍穹尽头
在布满插图的旧诗集里
我甚至爱上你身上的痣
和你肉身相连
有时沉默不语,为了交换
亲吻。热切,风花雪月在路上

被爱情迷醉的时间多么危险
"为即将到来的荡漾,
绵长地写一首诗"
这个被我描述和向往的人
多么美好
装饰我爱情诗的人
像一朵真实的花,在我的身体绽放
像一匹马,在我的胸口奔跑
敢于穿过有力而美丽的风

亲吻,然后失语
看不尽完整的你

——一百二十天,真的就是这样。

未曾剪辑过的

未曾剪辑过的是大容山脚下的
枫叶。莲花瀑布洒下的
水,与天一色
含苞待放

作为靠偶遇才被收留的
过客,和路过的人
麻木地嬉戏
试图勾引今日天空的爽朗
和妖娆地落下的欢呼
那一帘瀑布所有的流水
那一路承载不同表情路过的石块
那幸福的、曲折的荡漾
揉进视觉的快感
我像那片红枫叶
一样沉默,容得下未曾剪辑过的
倾情而来的阳光
甚至整个天空

我何时如此深切地爱上自己

一夜素雨,不知多少落花
你已收起锐利,和曲折的寒光
改用木棉花的笑
包含风以及来自高处的
云朵。和自己达成共识
爱上自己,如此深切
我想我可能会是你

水能够顺流而下
就有了断崖边的瀑布
壮美、散漫,经历了许多
不同形式,依旧能够穿透云
用柔软的姿势来
亲吻。让笑的褶皱在镜里招展
譬如我,如此深切地爱着我自己

坐你身边,我看到的云更加美丽

我是如此地热爱自然
穿过田野来到河畔,坐在你的身边
我看到的云更美丽
(我和你一起,看得更清楚)
语言是开端,请等待语言
寂静如情人般握紧我手,布下秩序
等待带着体温的微颤一次次散开:
还剩下什么?还剩下什么阻拦
芬芳的甜美
我爱那些云就像我爱你
就像你就是它们
尽管若隐若现
你都躺成我喜欢的姿势:
妖娆,淡然,热烈

写一首你读不懂的诗

你当然不懂
因为我写这首诗的时候
喝了一大壶酒
我在沙滩上捡石头的时候
你一直在云端跳舞

你当然读不懂
因为我在用我的方言
和眼前的这台电脑对话
我也想把我的热情分享给你
这时候我打你的电话,没有接

我在写这首诗的时候
你面对的三台显示器
遍布深不可测的 K 线图
曲折不明朗

你当然读不懂
读不懂我写的这首诗
那也没关系
我们就隔着屏幕
或者隔着口罩
说两句,我们彼此都听得懂的
"干杯,干了这一杯"

那就这样吧。

谁与归

路过麻蓝岛大桥的时候
那些风都往后涌
不如钦州港一粒寂寞的沙
阳光被他们挥霍,像廉价的爱情
日夜,不管走了多久
魂不守舍的话,不管写了多少遍
感叹甚至尖叫
在荒草之末沉落,意义非凡

微雨初歇,只是代替记录和表达
一定发生了什么
在我们意料不到、预见不了地越过前方的风景
通过她的眼神告诉我辽阔来过
两只沙地里拥抱的蚂蚁驾驭了影子酿成烈酒的过程
闻过的玫瑰花香,在唇边
隔着不安的风
我抚摸到她的七月

我们微笑,转而拉起手
安静地让风吹乱头发
那些笑声该长出翅膀了
在云里翻滚直至和雨融为一体
我爱这些柔软的事物
一如与谁归

烟火

显然没有抽刀断水的快意
形式不一样
姿势不一样
甚至裹挟着,湿润的
弥漫的不一样
有很多馨香再次袭击我
"普尔,只是一只猫"
一场迟来的相遇
让我格外安静,腾空而起的
玫瑰花香和渗入的咖啡
忽暗忽明
都是最热烈的烟火

与谁

赞美爱情的诗歌随时待命
我的欢乐如此执着而且辽阔
没有几个人知道我内心的幸福,我也不介意
请把我的诗歌拆开
我也会举起酒杯让玫瑰蜜葡萄酒
照见胸前的一枚佩玉

这没留脚印的海滩、温驯的风
这长了翅膀的笑声,这渗进沙里的落叶
依稀又见夜饮的沉静流淌
宽恕那些惊叹抑或嫉妒,允许灵魂
热烈、逆光的勇气
用花的语言、用海的语言甚至用奢侈的隐喻
让她折射旧夜的光芒

不写狮子,我将如何存在

六月出门,我不会带伞
说好下的雨,最终也没有来
就像都不记得身份的动物
只热爱他们的王
傲慢飘来,和刀锋一样
划出伤痕,带来疼痛
我才听见狮子的吼叫
如断续的歌唱
却无比入骨

我是一个非常尊重傲慢的人
这一匹狮子有最坚硬的毛发
轻如浮尘般
让微弱的光亮
切过伤口

热爱的狮子,点名

别人写茶香酒色
我必须写狮子
她是一匹波澜不惊的狮子
并且,我不是一个迟到者

致你

城市堵塞的车流可以
凤岭北的摩天轮可以
横穿民族大道的风也可以

把捂住耳朵的手放下
用热烈的心跳回应
你不需要一首诗来歌颂
你不需要任何季节来标榜

忙碌的车流会带去我的讯息
旋转的摩天轮推着风
一如温婉的声声慢

你就可以偎着风
穿过江南江北
倾城而恋

狮子的侧面

春天返回之前,我企图在纸上严肃地
和一匹狮子恋爱
表情涌出时间的手指
孤独是我的

路灯把白天隐藏的阴谋纷纷揭开
像疼痛一样茂盛的
看似轻松的模样
她默默无语却庄严地转身

最初的夜晚
时间再一次松开手
马路继续成为无边的森林
如何濯洗——那些威武　那些骄傲

一片叶子正缓慢坠落
哪怕一声嘶吼也足够我欢愉

狮子的心事

（一）

所有的路灯
兀自亮着。四周一片漆黑
月亮早已被掠走
无骨的风才携着浅夜的酒
轻轻地抹过茶花园路

狮子的笑靥和惶恐，先后上车
茶花园路上依然有啤酒的芬芳
胸膛袒露如眼前的街景
一只蚊子也消失在隐约的路灯尽头
暧昧氤氲

你摁灭手中刚点燃的烟
不小心却让无故的擦伤
翻过狮子硬朗的表情
贸然留下了疼痛

一场暴风雨，会到来吗

鬼魅潜伏在背后
车窗外穿行而过　路过的人
左右张望在寻找替身
那一匹狮子，就是让你挺立的
坚持

有瓷器落地的破碎声
刺穿长长的嘶吼
渐近，又渐远
一匹狮子，在夤夜里
傲慢地踱着方步

（二）

多年前的一个梦的片段里
那里也曾有一匹狮子
和眼前的一模一样
仿佛战斗归来一样
遍体鳞伤

她应该是我沉默的狮子
那些被她唤醒的爱
那些被她催开的花朵
那些轻描淡写的颂歌
无辜地纵容,让夜抹上深邃的伤悲

在她的视野里
有宽敞的嘶吼和草原
就算是田野也会有她战斗后散落一地的毛发

狮子不轻易拱手相让的大地
有苍茫　但
任由她傲慢地踱着方步

G2911 路过广州南

进入四月,在谷雨
选择像一场盛典,躲开
爱慕者久久注视
虚构的风景,是向往的美好
天空沦陷,阴云无雨
找不到安慰的理由
空洞地冥想幸福
每一次、每个人绽开在站台的离别
接住我长时间坚持的张望
尽管我的目光早就枯萎
我有目的地的,在站牌旁边
想着落在一颗烟头的不情愿
客车启动,车轮碾过我的呐喊
广州南,只是滴落在我旅程的
一个回眸,不特别,也并非终点

那些苍茫

G75 高速公路的雨,是否可以忽略?
秋天也装不下的热烈,需要安慰
白鹭,读取时间的爱情,和信仰是一样的
捏着寂寞的修辞,怎么样?
把乌云压顶说成是仙人指路
尝试赞美因爱而有秩序的,精致的
温暖的原形,想要借一杯干红
交换来自另一个方向的姿势
我让暴雨隐去浸润你长发的汗渍
我让你身上的痣继续陡峭
在这一个半小时里,逐渐消融的漫漫迷途
不像卸去镣铐那么轻易
容颜明媚了,万物待我
就有新生的美
哪怕有一丝无法拾起的闲愁,听雨把话说完
哪怕只是抿着嘴唇让心甜到沉醉
轻松走过那些苍茫……

我的举动如此耀眼
回到你斟满干红的酒杯前
这场暴雨终会离去
向四面的空气，或者伸手摘下一朵云
没有人知道我的欢愉
在等待那些苍茫……
——毕竟你的寂静不是对峙
像一只蝴蝶收起了翅膀

如果从未相遇,我确信知道答案

在某扇旋转门里
一瞬间,我们看见彼此的面容
曾经有过一些迹象与征兆,清晰
在人群中,不会解读这样的相遇
但此刻,时间变幻的翅膀
到底有多坚硬——
寄存在彼此怀里的体温
抚摸不到轻易让人蜇伤的地方
从虚无中虚构你的擦肩而过:
湿润的眼睑,已经遗忘在夜色
心跳汹涌猛烈地拍击着一片,无边无际
梦游的天空。然后
是这样结束的:内心变得
自在而愉悦,然后
感到鞋带松了
于是俯身

与狮子谈心

这一匹狮子
在夤夜里,张开她狂傲的手
是拥抱　是剿灭
用眼神翻遍了夜空
让凉了的夜,开始闪烁
仅有的灿烂

也是在这一夜
她卸下满眼的傲慢
只想让我听见她的嘶吼
这一声声里
却饱含着她无限的温柔
时间停滞在拥抱里,她差点忘记了
她是一匹狮子
晾凉了的夜,吹过的风
抹过她一眼的百转柔情

她一定在想
那就这样吧
但愿我也可以接受她的抚摸
占据了这个梦里的狮子
踏着冷硬的风
融在静谧的夜里

观云记

不关心天气的人
不会轻易关注云　乌的　白的
颜色不一样不明朗的
在顶楼　感觉汹涌而来要拥抱我
在城市的大草坪上　这些云表情复杂
那些随风飘过来的就一定是我的吗
那些咆哮盘旋的还有别的企图吗
让我琢磨不透　久久回味
她是遮住了阳光还是雨水
还是想遮住我看她的眼神

纠结

夜,逐渐加深
花香无措不知滑向哪里
凤岭北的酒庄还有存酒

三千株玫瑰交织夜来香
狮子暗暗,踱步迈过
那些夜的灿烂
兀自随浓酒散开

夜,继续深入
向远方蔓延
狮子转过头
一点点的忧伤
偶尔滴落泪珠
炽热,足够燃烧

白云路上那些行人

早就匆匆安睡
留下扫向黉夜的目光
殷殷抚过

下雨夜,咖啡伴着茶香
纠结在胸口翻滚
"你害怕吗"
三千株玫瑰已熟悉,香味
融入体内

交织雨后
飘来的酒香
是她说的那种香
于是灿烂就忽明忽暗
起和落,一时

唇边的红,一次次
浸润灿烂
接踵而来的纠结
纠结随余酒交给匆忙而过的行人
假装东张西望,互相陌生

不去测算我们怎么离开的
朝向东北方向

致某人

谷雨晨,一杯酒一杯茶
独自翻一本书
苏珊·桑塔格嫌弃孤单
但不反对影子的世界

神情恍惚,"仅仅是身体的一种病"
在你的注视里
有一眼望不到边际的悲伤
尽管拂去的露珠还伴有鸟鸣

"很了不起吗?并不是所有鸟鸣
都会投下影子"
没有人居住的水晶宫
以一种自娱形式伫立
傲娇种子长出的花
碾压抽空的身体
只余惊叹
独对谷雨,了无风月

一朵花开在一朵花上,次第绽放

首先是阳光,不知疲倦地
映耀。有风徐徐吹来
一朵花叠着一朵花
这是唯一的抒情

像天空中相拥的云朵
像刚暗淡的花再次展开
像枯萎的树枝撑起了眼前的灿烂
把藏进去的孤独拽出来
找一个没有心计的喘息
越过花朵之上,装饰你本没有张开的眼睛

对于眼前的这一切
炽烈的阳光
终将凋谢的花朵
也可能是我一点点的矫情
展开的今夜漆黑一片

百分之一

可能。蝴蝶挥动翅膀
足以驱散簇拥的一堆乱云
酒后世界哑然无声,毫无把握的百分之一
可能。敢于在这夤夜思考
就可以打破沉默,会有回响
高贵的意义开始丧失
(晃动陈夜的酒,持续痛,风在窗外继续)
百分之一的疼痛可以吵醒漫长的一夜
恍惚离群的鸟,躲在微弱的可能里
撕毁的一首诗
凌乱不堪地和那些百分之一的苍茫,休憩
可能。窗外的蝴蝶携着风
昭示相爱得多么宽厚

只有花是新的

多数人迷恋烟火
迷恋在太阳下面,习惯温暖
万物选择沉默
在暗淡无光的日子里
芳香渐失,被春天丢弃
但,只有这一枝百合是新的

"直到窗外的云
全部从你的眼中吹走"
给它取个新的名字吧
而此刻,有冲出重围的芬芳
凄美地洒下光芒
我甚至想为它写一首诗,歌颂
并表示敬意
想打开窗
把消失在眼神里的云修剪干净
连同新的芬芳,放进空白的纸笺里

年华

最终也停不了墙上的钟
决意每天起来后把床也铺得整齐
不放任凌乱

我一如既往地倚在窗边
不知从哪里传来的歌声:
"让我热爱这个世界"

第二辑

让花朵尽情绽放

让花朵尽情绽放

樱花、梅花
接下来还有桃花
在南宁,我一直在打听
花的绽放还是盛开
成就一座城和两个人的爱情

蜜蜂会来
听说蝴蝶也会
各种颜色的裙裾可能就此展开
散步的人会遇见垂钓的人
明亮,温暖
不用构思和预演
让花朵尽情绽放
继续仰望,接着描述光芒

是随着描述燃烧的

你是随着描述翻腾的
经历的过程
我不知道你是想象还是复述
甚至试图用渺小装下整个夜空
"我爱你,更像是一场盛典"
在电闪雷鸣的博弈里
我们像失散的亲人
自带的光芒总是悬而未决
相同的斑斓,逐出心里的野马
此刻如同空气中游荡的尘埃
穿行在今早的情诗
振翅。燃烧。

陌生人

我想邀请你一起
到我乡下的田埂上
那里有葡萄酒
我们可以摆着陶醉的姿态

这是秋末的某天上午
天空和往日一样

我还可以送你
一颗玉米　饱满如你的目光
那么,陌生人也请来到这里
孩子们笑得那么无邪
老人们都是那么热烈地邀请你喝一杯酒
甚至这里行走的马匹都那么妖娆

虽然稻穗有时是空的
虽然玉米也可能未熟就夭折

虽然烈酒下咽杯子已空空
虽然马匹瘦成眯着眼睛的一道光

可是,陌生人
路过的人们　我邀请你和我一起喝过温好的酒
然后写一首诗
赞美季节和丰收

另一种人类

如此坚定地让手机休眠
开屏键没有反应
凶狠地让自己手足无措
微信里的那些饭局和寒暄
一起郁郁寡欢
微博里点开我的"路上的风景"
必须没有点赞的"叮咚"
罪过,罪过
我的手攥着手机
想念那些千里之外又一步之遥的
喧闹和热烈
安静得百无聊赖
一本旧诗集在午后让我的冥想
多么流畅
那些好看的美食
那些人路过的风景,风、雨、雷、电
那些种在手机上的人

像蚊虫热爱光亮一样地
相安无事
如果有可能
让手上的器物换成水果
甚至放纵地偷笑一声

一杯卡布奇诺旁边的

商务区的5月4日,露天咖啡店
一杯卡布奇诺停在隔壁桌,那个女子安静地享受
点心荡漾芳香
两只麻雀,不知从什么地方
飞过。落在旁边的椅子上
一只似乎受了伤,耷拉着一条腿
它们不能跳舞
动人,它们有它们的语言
在交流着什么,叽叽喳喳
没受伤的那只,大大方方地啄着桌面的点心
转头衔给了它的它
往往返返,一切都很安静,微风拂面
咖啡女子也只是静静地拿起手机端详着这一幕
卡布奇诺散发着的香盖不过
我看着的,爱与安静的赞美

节日的荷尔蒙也安静了

偏僻得像没有事情发生过
没有情节一样安静
但却盖不住弥漫着的芬芳
卡布奇诺撩人的，怦然心动
阳光有暖洋洋的慵懒
容得下一对恩爱的小麻雀
疗伤。述说那些宁静的传说
那杯卡布奇诺还在桌面上
那个人还在
我还在

沉默如此茂盛

谁是那个杀富济贫的侠客
谁在暗夜里嘲笑
谁蛊惑爱的刀锋
谁手持一枝玫瑰,最终燃烧歌声
入一幅画,入一首诗

那么,画就是奔涌在体内的
一片云,带着香草味的
那么,诗只关注欲望
这句秘而不宣的箴言:
恨极了成熟的神话

借用一夜的寂静
抵御,似一个醒不来的梦

我打他的电话不接

我打他的电话不接
他肯定在喝酒
美妙的彩铃
明明带着酒香

我打他的电话不接
他也许在读诗
因为我的单调等待
没有那么急切

我打他的电话不接
他肯定也看到
我的固执和坚持
他不接,我就会一直打

我打他的电话不接
我想我过一会接着打吧

两只橙子

显然,它们不是来自同一棵树
但是它们都困在我的桌面上
不约而同,殊途同归
而我却在琢磨用刀切,还是
用手亲自剥掉它们的皮
遍体鳞伤
我又在想,到底哪一个更甜
我根本不关心它们来自哪里
是不是从同一棵树上来的
它们又是怎么相遇
然后落到我的手里

老了,睡意昏沉了

你微微笑着,什么也不说
我只不过把你当成镜子
沉迷于狂乱的激情
我们曾站在窗下拥抱,人们
路过纷纷注目

你跟我说话。我信赖你的声音
你从所有的事物中浮现
连诗句都自绝而亡
相爱的姿态让我们回归

忘却关掉的灯
老了,我们的身前
依偎着灯光,仿佛呵护着内心的根据地
我们在晚风中布置镜子
对着你我,在那儿
一起厮守,似乎已经足够

睡意昏沉,汹涌而来的孤独,受惊的手指
如何
能把透亮的灯关掉

但是,年轻的树木和形象渐次清晰
今夜我不关心物质,我只想镜子里的你
在那之外,是深邃的空气,昭示着
无穷无尽,乌有
想着为彼此预留一份快乐

黄昏之后,只有倒影

一天之中
我最爱的时辰便是黄昏
尤其是春日的黄昏
当立春后的第一眼
惊动鸟鸣。我以白天的姿态
抓着一本古老的诗集,在南湖边看云
哪怕是在石门的一泊湖水边
再往前一步,天色将晚未晚
湖里金鱼都要腾出水面,流云变幻,晚霞绯红
而我身披暮色,喃喃自语,醒来
接受天地间,所有
迷糊的阳光、清风、鸟鸣
我对自己说,我不在黄昏
我只在倒影的躺椅里。再往前一步
就是我路过人群、梦境中的村庄和田野
特别是,湖面的黄昏
具体而重要一些。我情愿
再往前一步

我并非那个人

时间每天都在我们的身边
"他算不算我们的朋友?"
一个个梦都逃走了,春天
给虚度的时间穿上内衣
只有一个手势,一次轻吻
我企图悄悄走过,但还是让人们听到
我的赞美,那么真切
我的呼吸,略带忧伤
无边的寂静,有一些不安
心里突然蹦出一个想法:
把我从城市遣返

月光美学

在这场喧闹的狂欢中
月光被认为是相当时髦的
没有一次灿放躲得过这场赞美
纠缠过后,甚至撕碎路灯下
舞蹈的夜虫
谁也不能指责这是野蛮,缺乏美感
关于这场月光
不能虚构
如果恰巧选择一些城市建筑
就不是十全十美
像依靠那些幕墙的反射
像那些只在今夜才想起的亮光
换取整晚的情话
这是每一次莅临人间
都怀揽清月

月出树梢

是要照顾植物生长的方向
属于局部的,那些隐去暗影的
可以用想象来填充
我爱在时间的浩瀚里,收取
弯月折射　如水滴落的隐喻
起身走向晴朗的人,让暗夜消融
随着树影
每一场远眺都超过树梢
像熟悉的老朋友用抒情来唤醒
把最美好的诗句安放在
所有的
必经之路

翅膀颂

风一贯没有方向
我身轻如燕,如一匹带翅膀的狮子
蔚蓝不会坚持
谁都可以就此止步
以为冲刺就可以刺穿流云
"试一下翅膀吧",也许可以挥动
论证天空的深度是荒谬的
相当于道听途说的一则经历

那么,在相当长的时间里
风是向下
在暗处无人关心
飞翔肯定和翅膀有关
在张狂的那一刻
狮子是借助于翅膀的吗
直冲云霄的是云还是风的仰视
盘旋的,阻止的,不弃的

是思维在盘旋还是超越了的
惊心动魄

不会按照预想的那样
蓄势待发,翅膀如若很小
美好的事物如此辽阔
不如收拢,安抚每一个值得同情的人

尘埃的履历

我预见将有一阵风吹来
不管出于什么目的
如若想要像审判一朵玫瑰那样
从它的姿势开始
它是挥不掉的
只因舞蹈的气质很独特
给它找到最好的伴侣才是最神圣的事——
回归一瓣叶子
或者一抔泥土

寂寞论

我撕下旧诗集里曲折的光芒
和虚拟的哭泣
随着夕阳的雕刻刀
把生活积蓄的一部分疼痛
"用一生欢笑,掩饰寂寞"

一片云带来了无限可能性
都是时光荡漾,只是成了
泡影
我从来不知寂寞的出处
但我一定让它溺死在情诗里

关于鸟的思索,而非词语

六点三十分,像自由的空气。随即到来的
是一群鸟,嚣张自大的
就像翅膀划过的空间蔓延到他人的生命里
并在某种意义上驱使着他们
让自己被每一丝二月的微风征服
整个早晨,抚摸着我,笼罩着我
却常常被忽略。莫名地有一种快乐
在丧失中。正这样或那样地离去
永不再来。那些躁叫
永不再凝聚成形。无律
那颗被虚无劫持的心

习惯和赶时间那么相似

春风沉醉了的夜,临近南湖大桥
看成群的霓虹灯朝我涌来
营字造句,一心只梦想着和时间交易
确定我爱她
爱得比真实的还要爱
习惯不被欢乐触动
哪怕是一个欢乐的夜晚,布满春风的
夜晚,望着南湖,夜晚才有的妖娆
这令人欢愉的。我给她,只有今夜
看到的一朵花的记忆

我说:这欢乐的?以多种时态
我习惯说,或者,不知名的植物和花
败给时间和春风,便落满了湖水

让寂静,像一张纸一样寂静

  所有的道路通向虚拟与假设。静寂是可怕的
  把旧情人所有的照片销毁?不!
  移居手机有限的内存里
  即使到了春天,爱情也是遥远的事情
  风划过的疼痛,被六神无主的人挽留
  去往寂静的人,行至
  爱情的半途,看见熟悉的事物
  还有其他路过的人,越来越寂静
  寂静,独自留下
  (像一张纸那么寂静)

像一滴雨,安静是一种状态

多年以后
无论车辆还是行人
都急匆匆的样子,街景是多么的美妙
在民族大道,只有我是悠闲地漫步
且希望这长街,在南宁由东到西
没有尽头
显然一滴雨乃至一场雨
都只是冲开尘埃
(也许这是一场虚构的安静)
匆忙的人没有时间留意
漫步的我不会介意
像一滴雨
安静只是一种状态

发现

    我一定是格外入迷,以至错过穿过小巷的
    过于表现出的温柔
    我入迷地思索,以交际的方式
    来推断一道彩虹,装饰了眼睛里的燃烧
    打量完彼此眼角的褶皱
    无休无止,堆起的信任
    发现是如此珍贵
    先于早晨鸟鸣的致敬
    无人在空巷里发现昨夜,空洞的梦

这雨下得正好

脱俗的雨到来之前
美学就是一把斧子
代替我把后山头的木柴一分为二
然而,这雨下得正好
我正好可以酝酿一首诗
关于歌颂雨的,关于那些冒雨的人
他们假装浪漫淋雨的
他们认真赶路的
关于雨的相关万物
无不在雨到来前
迅速找到确切的证据

这场雨下得正好
我一定可以不去奔跑
我一定可以冥想
假如雨也是天意
正好滋润山路
和一路的没人理睬的柴木

那样的速度

狮子抖落的是月光
我需要一种缓慢的速度
看清消失在民族大道拐向凤岭北
我天天站着、走着
虽然她的影子闪在记忆里
毫无深度

从一月到二月，夤夜的经历

速效救心丸和复方丹参滴丸一样
珍贵，以至半个城市买不到
没有"处方"，休想可以通过钞票来购买
来安抚心脏，狂涛骇浪
那些假冒医生的朋友和好朋友告诉我：
阿司匹林或者硝酸甘油
也需要承诺在这个二月以前服用过
否则休想让无序的心率安宁
不如保持平静放松
迎接二月的心情，深呼吸
让那些匆忙停下来，让时间用刚刚好的
速度，呼吸一瓶啤酒的浓度
静静地享受一月到二月的欢愉
夤夜抵达，大地复归宁静

角度

换一个角度
假如时光静止
模拟一只蚂蚁的姿势
活在自己里面,把问题默念一万遍
构思着一首诗
一只受伤的鸟,疲惫地
打开一朵玫瑰
其实我多想隐姓埋名
失去嗅觉
从哪个角度里,窥探
你的百般妖娆

距离

天一亮
就听见院子里的小麻雀
在地上戏弄着昨夜的雨水
乍一看我以为她是在欢快地跳舞
因为这是在春天里

在这个春天
我们都省略了一堆俗套
不用握手，不需要寒暄
虚度着白天
以及夜晚
原本舍不得挥霍的　哪怕一秒的时光
此刻都变得多么富有
甚至可以静静地看一只麻雀在地上跳舞
雨水伴奏，而她都懒得活动翅膀

一滴雨水，像一个感叹号

只有院子里执着的麻雀
回应着雨水的诗意
在看不见的远方
目光已经抚摸不到的黑暗
释放出令人无法拒绝的天意

花朵晃于我们的想象,有点羞怯
开还是不开?
就像一位被废黜的皇帝
我坐在窗子的这一边,看着她们

我靠着一棵树

我对这棵树情有独钟
在南湖公园的步道上,我先是轻抚
我为了一棵树,而冷落了满眼的湖水
宁静、寂静,不是一潭死水
哪怕这棵树在青秀山,我也一样
山上的花吸引不了我
我不为看花,只为这棵树,我可以靠上
这一棵树,我背靠着它
从根部到叶子,并不遥远
光洁、亮丽是可以感受的,如果
刚好有阳光
"借助均衡的春意"
遇见看花的人、看湖的人
我用陌生的眼神阻止不了,我背靠着它
发现那些小草,正一步步包围我
无意间明白,像一些美好的事物
如果我靠着这棵树,也有足够的力量

谁

在千年古树的绿荫下
我看到蚂蚁成群结队
就连时光都穿上夜的内衣
我用白昼的脚步行走
那些没有名字的影子
被热烈地照耀
将再度　穿透浅薄的空虚
一定有谁在等待。也许
在每首诗里接受谁的想念
像不朽的
短短的
谎言

习惯

一滴雨融进另一滴雨
如果落到一块坚硬的石头上
这些叫作水的液体
就会演变成花一样散开
一会儿就湮没,最后转换成了空气
此刻抬起头,打在一双哭泣的眼睛里
那一定是惊人的泪水

那么,假若它们能够在水里相遇
江里、河里、湖里,露天泳池里
那么它们就会消失了
根本容不下任何命名,也没有意义

一滴雨也就离开了
像习惯一样

不可能

黄昏的云想要切断影子,那不可能
一首诗可以抵达爱情,不可能
还有更多的不可能
河水流遍你的想象,微笑解放你想表达的
咳嗽,像石头里坚硬的冰冷
聚拢在血液里的陌生

也许,用干净的目光看你
在简单的肉体里体验,如同一个吻
封缄了一只腾梦而起的
蝴蝶

我以为我必须从梦中醒来

隔开,视而不见
对于梦不到的地方,和你
那些春天里招摇的风
那些天边绚丽的云
那些被热爱过的生命
那些被情诗滋润过的轻薄,和幸福
传说不知还要多久才能收尾
我把我的热情、我的时间都拿出来
倾尽所有,只为看你最绚烂的色彩
我以为我必须从梦中醒来
但其实我可以再次蓬勃
也可以接着沉醉

第三辑

时光机

时光机

　　记不起名字的植物　抹过脸
　　皱纹细碎　把脸爬满
　　比高速公路的汽车还要快
　　世上的人们没有一天不在劳作
　　高高在上的太阳
　　和总也抓不紧的时间
　　你的内心如冬天里的雪一样洁白吗
　　你的内心能像纯净水一样透明吗
　　如果是这样
　　夜里有美好的梦境
　　早晨的鸟叫可以穿透窗帘
　　田野无际却全在眼前
　　风婆娑而来
　　让我静静地在家乡的丛林里睡一觉

　　让我在家乡睡一觉
　　让我做一个梦

让我和溪水说话
秋天的云朵在竹林的头顶走过
透过云朵的阳光洒满山冈
水稻快熟了
小孩的嬉闹声和狗的吠声藏在蜂鸣鸟叫之间
让我在家乡的丛林里睡一觉
要是下雨了
过路的诗人
请用朗诵诗歌的方式把我唤醒

夜宿佳塘

佳塘不是塘,是我老家的村
九洲江水撒下一滴泪,落在这里
今夜,我当了家乡过客
匆匆一夜,塘水没有波澜
老屋门前的木菠萝树窸窸窣窣
想说我们之间有多久远
失散那么多年,今夜等来

家乡还有那些老了的笑容
亲切,却叫不出的名字
有消失了的山,被葱郁的树遮挡了
陡峭
和异乡人一样

人生

人生曾是一张纸
遍布标点符号
和走向不清晰的涂鸦

没能等到金色的麦浪
也不见踌躇的标点回应我的寂寞
而你却在涂鸦里笑着走来
颜色变幻　颜色渐深
深　深

我想用那句自恋的句子
拾掇心情

你在线条的这头
而我的梦想就在
不知所云的另一端
笑不置可否

哭却泪水滂沱

深深浅浅
高高低低
挣扎变成你我的宿命
我也曾看见甜美的空气
弥漫过你的脖子
而你肯定知道　那只飞过我窗边
像是一只鸽子的鸟
消失在我的视线

这时

我们依偎着
像是彼此的部首偏旁
我愿这就是你我的人生

继续

让夜风饱满
吹皱一池的星星还有倒影的笑脸
继续,问候一下盖顶乌云
带走的雨

爱假如已经入骨
那就保持继续的姿势
如果继续可以延长对应的叶子
那就让那些叶子
脉络清晰

还有,没散场的酒已温好
你也别多问举杯的人
接着,那就继续
踱步,傲慢走过
然后举杯就着风
更加丰盈

与己书

首先听到楼上的钢琴声
就像溪水缓缓流过
冬日的阳光,任性地穿越窗帘

无数的事实证明
一个人可以走过一座城市　无须刻苦
忽视了多少白纸的殷勤
我才知道写一首诗有多难
我开始厌倦那些灰尘
于是,把书桌反复擦了又擦

一个少年独自出门
我们理解他的孤独
无助的眼神
反反复复

经过

  从一月到二月
  从冬天进入春天
  没有排练完的妖娆。如果
  用酒浇灌了花,那么
  当初写在花蕾上的情信
  就一定,一定会展开
  一望无际的寂寞

结局

就是一早,风填满脸
昨夜的酒欲醒未醒
她没有多余的话
也容不了你低头系鞋带
伸出去的手
接不住卷着焦躁的车鸣,和迫切的
催促
路边的早餐摊传来一声吆喝
你却被红灯挡住,停下
抬起头,她站在马路对面
只是回头对我笑了笑

恋月者说

藐视所有的光亮
城市的路灯　整齐地排列
恋月者　挤掉那些街角的
倒影。虚拟一场优雅和灿烂
踉跄的目光
用失散的热烈拉扯成一对牵手的人

忐忑

忐忑,是一首歌
不是用辩证法研究过的
热烈地唤醒多少耳朵
时间不会停住
那些经常脱口而出的
往往让你疼痛
跟随最后一束光走失
仅有的玫瑰也许会刺穿
如果醒来恰好你在我的怀里
那一定是梦
我得感激你趁我昏睡
让一首歌
变成你的梦呓

用最奢侈的方式
有谁体验过:
忐忑的,是我在你的河流里沉沦

虚度

　　整个夏天：我用来思索
　　然后跟岁月握手言和
　　笑着诀别
　　此刻，花依然艳丽如初
　　而鸟鸣随时光　渐行渐远
　　在远处寸寸枯干

　　和五月预约
　　我的容颜曾黯然路过
　　但愿我能和来时一样
　　试着谛听来不及整理的
　　梦幻

　　午后，我想要抓紧
　　扑面的风　潮湿
　　携着不羁的轻狂　凌乱的
　　记忆

一如伫望夏天的培育
在秋天收割

掩饰

一年四季
不见一只飞鸟
如果没有风
我一定像一个问路的孩子

故事　没有情节
看上去更像诗的文字
无根无叶地惭愧
而我是一个问路的男子
任风抹过脸

如果谁也不说话
抹过脸上的风
一定还记得那个问路的男子

如果我的内心虚掩
风啊　就会惊慌地
惊慌地问起那个迷路的孩子

晨读

即使是虚构的　影子也有重量
像早起的晨曦穿过夜灯
像鸟鸣带来树的张扬
像生活彻底混乱了秩序

云在窗外飘来飘去　梗概试图覆盖
真相　鸟儿吃下一颗种子
有些目光注定溺亡

那些牵着老虎写诗的人
追逐酒醉的蝴蝶　无法干爽的目光突破
夜的羁押。我满意于如今
路过的春天草木拥挤时
思考抒情的重要性
我曾是一个被这些情节喂活的人
我也曾见到今天的太阳，闻到今天的花香，
淋过今天的大雨　毫无章法

从夜到黎明　从黎明到天亮
我满意于如今
如今　正捧着某本诗集
任由干净的抒情溺亡

宁静的

宁静的昨天是迟到的一小段
记忆已留出啤酒与拥抱的空隙
有一只梳理羽毛的麻雀
停在商务区,将悦耳的遐想叫成时光
说是两年的时光

接下来,它又将做些什么
像我的脸一样朝着阳光
喝温了多年的酒,或跳喜庆的舞
路过的喧嚣就是我们的舞伴

如果时间可以倒流
那安静又该回到何处

呵!美丽的女郎——
来了。阳光里的它不再胆小
它敢脱掉袜子步入云端

和仙女翩翩起舞

宁静的。我们拥抱在一起的温度
一只鸟这样想
我也这样想

一只鸽子飞过窗口

一只鸽子
飞过窗口
我看到了她的自由和
翅膀

从左边飞过来
又从右边飞过来
最后我看到了她的翅膀
看到她消失的影子

她其实只是
窗外一只普通的小鸟
飞过我的窗口
没有停留

只是我一直在寻找
她的翅膀

下大雨了都不知道

不小心碰倒了浅夜里的酒
一场暴风雨,会来吗
温好的酒和微醺的你
次第在掌中展开
夜的花蕾
伴着你的呼吸沁入我的身体

那就这样吧
让酒杯落地
碎了一地的回声
响应了满屏的笑意,无声
乃至震颤
越过你和一夜一夜的
假寐
　"下大雨了都不知道"

那就一直这样吧

让那些嘈杂　都路过
漫无目的的行人假装匆忙
也纷纷路过

让夜也深入一点
带着没来由的香
任性地爆开
让洒了的酒和你
一直醉在那隔着屏幕的微笑里
沉沦地醉着

藕在唇边,莲在眼前

一靠近三千亩荷塘,我就感觉清风轻漫
曾通过酒店的餐桌,停留嘴唇边
隐喻年代,我不能责怪浑浊的尘世

突袭的阳光,窘态渐现
这其实是一场宣告
除却藕断丝连
从白天到黧夜
从灯红到酒绿
每一株飘摇的莲
都有无处安放的身世

春天的苔

随着笑声一起滑倒的
还有欢快交谈的人们
这些路过的人没有驻足,也不会抱怨
被他们催开的花朵
也匆匆而过

有其他异样的目光为证
有树上的鸟鸣为证
它只是匍匐于地的苔
春天里卑微的植物
风吼一声　浪应一声
然而给黑夜里注视目光的
注定只是这种苔
努力地活到万物热闹喧哗

比冷漠先走一步
让热情激昂一分

只为春天润色一股清新
我们却注定欠她一场赞美

侧面

在千人报告厅里朗诵了一首赞美春天的诗歌
激奋　热烈
感情汹涌
用微笑平静地接受掌声
和欢呼

然后
坐在一朵精美的花蕾前
想　接下来
开还是不开

门前的雨　滴落
水里的声音　清澈
仿如春天的一滴泪珠
挂在侧面

告白

我尝试
用我的语言　告白
在这样陌生的城市
儿童公园的摩天轮下面
朝凤岭南
大声喊　我在这里
朝凤岭北
呢喃　我来过这里

风不由自主地
吹来　带着唾沫
消散在空气里

我的告白里
有我的呐喊　我想说
我相信一切美好

我的告白里
知道努力可以换来成功
掌声对应
很多熟悉的鲜花
还有她的微笑

事实　只想告白
在这个陌生的城市里
我也在这里

点名

从一座城市走向另外一座城市,也许
就是一生
从一首诗的每句开始到最后一个标点,注定
就是长长的背影
用朗诵一首诗的方式,点名是不够的
用坚硬来形容一块石头也是不够的
那就依靠离你最近的春天
还有大大小小的男欢女爱,那些堆砌的故事
从一座城市到另一座城市
灿烂到有些困惑

无数的困惑
背叛的笔编造无数荒谬的情节
于是,离你最近的春天
她说,那就点名
用最隐晦的声音
模拟着

用最深情的方言
点名

假装抬头看云，低头欣赏蚂蚁跳舞的人们
被散在风中的童声
——叫醒

从一座城市走向另外一座城市
就是一生
一生，很多故事
很多故事被很多人反复讲述

比梦重要一些

好奇的人无话可说了
在蝴蝶飞来前,我提前
把花摘了下来

"不一定每天都很好
但每天都会等你"
按照这个方向,唯独我不留余地
对于梦之外的事物
看见似不见
听到似无声

梦是特定的一种感觉
我模模糊糊的时候
该有风吹走我的美妙,应该有几滴雨
这些正好符合我的逻辑
春日宴值得祝贺
这一天,是幸福的

桃花盛开,美酒斟好,美人呢
是否比梦重要一些

白天　更喧闹一些

太阳　都裸露出肌肉了
白天不妨更喧闹一些
才能觉得那些轻佻的树叶
已经醒来
那些奔涌而出的汽车
载着徒劳的人们
假装忙碌

感觉出城市里的暧昧
正慢慢褪去
那些眉来眼去早就被喧闹淹没
只留下眼神
无法热烈

街边的不知名的花草
没有了路灯的衬托
爱着爱着

就长成不会结果的装饰

在草地上翻滚的流浪猫
它们依然眼神悠悠
纤细的胡须
像字迹一样划过汽车驰过的扬尘
远不够喧闹

白天
不如更喧闹一些
突出那些人群中的失眠者
匆匆而过

理发匠

走村串巷摇着车铃
那是理发匠
村里小孩子都怕这声音
和那个恐怖的家伙

没想到他也老了
老得很粗犷
让我快忘记脑壳上
他的三枚手指印了

现在是这么多年后
在一张脸上都无法再修剪的老年斑上
他很慌乱地看着我们也逐渐
沧桑

他很坚强地在太阳下
抽水烟

拼命地吹出声音
让我们知道他,依然让我们怕
然而这声音却无法掩盖他的哮喘

屋里头他的孙子
叫他赶紧进去

他望了望我们
没那么恐怖
我也不再担心他的手能摁住我们的头

不朽

　　问题来了,用同样的词语来
　　影响你的出行,除了关心天气
　　你还得了解写诗的心情
　　事情总是磕磕碰碰
　　也不得不感叹命运的诡谲
　　忽然发现,很多当初不舍的杂物
　　皆流逝而去,会抵不过光阴的流驰
　　你不喜欢的,和不喜欢你的
　　哪怕再不相信宿命
　　你也理解了不朽的含义

偶然

说是寂寞
却满眼繁花
内心里花枝招展
抬起头,已是深秋

背影拉长
倒映在夜景里的湖面
再也抵不过一片随风飘来的树叶
落入水中
偶然,泛起的涟漪

对镜子的情意

面对面无法辨别事件的真伪
刚刚醒来也不能亲吻
停顿,迟疑
像文字一样伸向春天,那么值得信赖
以热爱的名义,迷恋对面的自己
生活的真相,无论多糟糕
请坚持和镜子里的事物,和解
不同于你所喜欢的阳光
和阳光下颂扬的一首诗
擦亮一点点锈去的台词
让更多的光芒照亮

从南方到南方

分别的时候
只有纸是孤独的
一种借口　从南方出发去南方

洗不净凌乱的调色盘
泛动迷离的光　那一刻
我伸出的手脱下九月的衣裳
让自己留在相识的地方
梦想是要打包带走或是就地埋葬
而我是借着灯光出发的

看上去身边所有的人熟悉　陌生
却神采奕奕
一个背叛的人在路上
从南方到南方

第三人称

我尝试
用第三人称
在一个陌生的城市里
像一个有钱人那样
让身体去感受

我不由自主地
开始消费那些糜烂的
空气
还有消散在空气里
谁的味道

而我的内心
告诉他

我只是伪装的
一个影子

真实的人称在熟悉的
世界

瞬间

至此。时间可以暂且定格在
夏天,寂寞使者用没有表情的脸
端详手中那只他叹息过的茶壶
恍若最后的安慰
理想主义多么微不足道地
参与燃烧

甚至。不露痕迹,不惊动一个人
不虚设慨叹。不暗自浅尝辄止,到此一游
酒在茶杯中翻腾,二十七年
一场迷醉
他喊停。眼泪是耳光
不再重要

或许时光是他落在地板的影子
尖叫是对的
微光敲门仅仅是偶然发生

隔壁写诗的人,那些为他操心的兄弟姐妹
把时间稀释,试图温柔
这些都没有关系

而这是单纯的,静寂的,空阔的
栖息那没有饮完的酒
途经几行写不完的诗
一如旋涡,生活的潜流
瞬间挣扎的任意一只生灵
是否有能生出翅膀的执念

时光

很精准
不偏不倚
正好让路过的蚁群　晒到
刚好的阳光

鸟都收拢了翅膀
酝酿好的雨
一直不下

留清茶和酒
一起观赏丰满的往事

忒热

我躲在空调房里
俯视着楼下
感觉要冒烟的
城市
携着火
奔涌而来
顺着空荡的幕墙而来
直扑荡漾着交集着咖啡和茶的
香味
落到桌面上
化成一股凉风
拂面
忒热的流火
如水般娇柔
任性

旧年模样

(按风俗,每年重阳前后,广西陆川县客家人都会返乡祭祖。)

往年扫墓是有路
直通山顶,那里应该住着我的先祖和神仙
好比纸钱展开就可以抚慰祥和的祈求
愿望缥缈　若隐若现
村里的人饶恕过柴火后
悠闲而幼小的植物兀自横行无忌
就再找不到路了

秋深了。"还饮酒无?"
七十三岁的老章吹着水烟筒
门前水塘里的水鸭还和归乡的人们
说着年复一年的皇历天气,只是
鸭嘴白了又转了红
老章吹出的水烟,还会绕圈
但已不是旧年的模样

叙述是缺失的
一万个"做蚂蚓"也没有答案
他在外跑车的儿子没有回来
所有细节虚无且真实有效
水塘鸭子的红嘴啄开水烟的倒影
老章懂龙眼树的耐性
山头的香烛闪耀一束光,穿过水烟
照见老章脸上的老泪

通往山头的路
被横七竖八的不知名的植物遮掩
让路复活
让山岚草木代替那脸老泪,静默
云低了,让老章在辽阔的人世
饮一杯酒,吹一袋烟
还是旧年模样

最后一排

(一)

在烤鸡店喝了一杯啤酒
咽下去一个嗝
我就进了诗歌朗诵会
那些诗人们激昂地赞美女人
以及春天的叶子
从拉碴的胡子里呛出来的
音符　似乎在深情地触摸
每一片目光

我看了看满屋子拥挤的人头
然后,默默地坐到最后一排
不动声色地举起双手
高声回应

(二)

我迟迟到来

在一座新城的会议室
人头攒动,坐满诗人
或者喜欢写诗的人

我悄无声息地跨过一堆
矿泉水,还有讲课诗人的
诗集
在最后一排
找一个静静的座位
坐下
并没有人看到我的到来
我想我此时离开
也不会有人知道
只是台上的那个人还在读着一首
阿莱格雷的诗
好像是《除了你的身体》

我只能很坚强地
坚持
没有起身
哪怕那些诗人也纷纷

起身如厕,接电话,抽烟

还有一些静静听课的人
也默默地俯首手机
他们应该和我一样写同样的诗

最后一排
只留下我默默地听
还假装听得津津有味
尽管那位台上的诗人
他的口音,我听不懂

这个会议后
谁会继续做一个迟到者
坐到最后一排

第四辑

偶然路过

对一颗玉米的命名

这是一个站满玉米的地方
村民们住在这里　生下孩子
年复一年把土地种成了玉米地
闻着玉米香
一个年轻人
和我们谈论着南兴村
于是，我也来到这里
关心了天气　以及玉米的收成

在湖边谈论湖泊和吃草的牛羊
在秋天中谈论米酒洒在地里可以长出的玉米
我们围在村民家里谈论石头　谈论香草

谈论翡翠和黄金　我们还谈论老鹰和乌鸦
我们谈论一盏灯　谈论可以驮人拉货的马
我原本以为会有壮族的民歌　穿着传统服装的女子
眉飞色舞的大路和小道以及他们祖先的传说

然而只有满眼的玉米地
任性地抢着同行摄影师的光圈
小侯说,老丘哥,南兴村只有丰满的玉米
那些姑娘都躺在里面偷着喝酒呢

于是我们停止谈论　我睡在玉米地里
周边充盈粮食的芬芳
没有那些,我也很知足

进城,做一颗黄皮果

一念起,爱抚每一片叶子
做城里的黄皮果树
在城市的步道边
在富丽堂皇的别墅前
在花架上的迎春花　被碾压的视线里
渐渐扬起表情
然后黯然低垂

路过的公文包和匆忙的
叹息
先于花开听见风声
周边必须是绿色的叶子,我才可以
倾听满世界温暖的阳光

我看满树的花
开出声称黄皮的果
溺死在善变的甜蜜里

惊蛰,悬而未决的雨水

雨水,再没有其他形式可供展示
这些无缘由的、无辜的雷声
在逼仄的空间里迷失,它只好
选择挤进窗棂,或任何温润的地方
在最广阔处躺下,欢喜的回南天
(只是亚热带季风气候而已。牛可以下地了)
——雨水会梦见一整片的田野
而我掩卷。外面的天空越来越亮
不知名的鸟儿开始鸣唱,窗外
那些悬而未决的雨水
我期待赶紧落下来,因为还不到
缠绵入骨的时间

荷花季

云睡了
荷花摆出娇艳的姿势
也睡了
静静的水轻轻抚过
不在目光里开花
固执地用花蕾丰满了四季

忘掉那些陈词滥调
让准备写诗的人无地自容
手足无措

荷花劫

谁的手　抚过
盛开的荷花
不如一杯拿铁抹过唇
顺便掠走一圈的红
然后次第凋谢

似乎一只停留的蜻蜓
不留痕迹地飞走

风吹过
伤了立秋
不见了那些娇艳

一匹马和我同时抵达岔山古道

我出现在水边的时候
我不知道这一匹马是不是和我同时抵达
很多人也围过来

拍照,对着的却是这匹马旁边的水车
她和我一样

落寞的眼神,只是环顾一下
仍然埋下头
仿佛他们的笑声和我们没有关系

她应该就是和我一样
也应该来一会儿就走吧
其实我这样想的时候
我已经和大家一起离开了

我没有吵醒夜色黄姚

白天踏过一路的石板
在夜里,我用酒质疑河边诵诗的人
我甚至用落到河水里的一片叶子质疑榕树
那榕树垂下的树根像爪子嵌入地下
也融进了九月初四的夜里

试图用喧嚣划开黄姚夜的静
一轮又一轮地举起酒杯
只是惊扰了树底下牵手恋爱的人

我质疑寻根黄姚的可能性
我还质疑日落月升透过树杈那些发光的水面
所有被遗忘了的人影
穿行而过,如白天踩过的石板路
诗人丘文桥没有吵醒夜色黄姚

一个梦

没有隐晦的
花边裙子色彩浓烈,一些情绪
稀稀落落
神的微笑,漫不经心
身旁的植物
万物横行,抱着自己
那些湖边的柳,一时摆动一时静默
用清醒唤起昨晚梦喂养的
深秋的风
难怪那么包容,不要固执地
关心驰骋的心事,和沼泽地里的白鹭
鸟四散,守着安详的翅膀

赞美诗

可以听得到流水的声音
我却看不到她的姿势
多么新鲜,空气中的三月
我却摸不到她的妖娆
而在我的渴求里,好像每一次抚摸都是最后

风似丝抽过
准确如刀锋穿过
抵达大地的内核

刹那的喉咙,在牙齿间
如期的三月被召回

我不曾细究
你的呼吸把我带向哪一片田野
而每一片田野都有狮子站着
熟悉石头的另一个方向

熟悉另一条道路,熟悉春天全部的蓬勃

我被三月辽阔地爱抚
所有公园里的人都笑起来
我听见草生长的速度
在我骨头中奔跑

现在它就是我的春天
像触摸尘世的河流

被莲包围

夜了。误入碧莲深处
从数百里外飞来的蜻蜓
有一些三千亩荷塘而来的花香,我和娇媚的睡莲
将缩成沸腾之前的模样
文华路上的小酒馆里
玉蝶、朱衣使者、红脉颂……
扑面而来

我也曾想远远路过
一直不敢轻易停下匆忙
生怕被莲包围

然而,躲闪不及落入荷丛里
在醉莲阁的观荷台
静静地
掠过头顶的蜻蜓还是那么寂静无声吗
我禁不住用方言和莲花说话

还是被莲包围
不想醒来
要是花香散去
路过的诗人啊
将会用朗诵的方式将我唤醒

荷花娇艳荡漾

舞蹈的蜻蜓,穿过寂静
落到花朵的旁边
而喧嚣的行人路过
却听不见她着陆的声音
她感觉不胜酒力,逐渐唤醒沉睡的莲
荷花假寐,我确信
大地也只有在夜晚哭泣

细雨马上来临。明亮的荷花刷亮路过的照相机
那么通俗的情节
花从荷叶里伸展而出
一群无名的水鸭子在荷塘里自在游荡
荷花娇艳

哦。那么美——
那么美是一大帮诗人开始沉吟
想用哪一句来形容最丰满的眼神

顺便赞美天气

就像一株荷花,正让
自己更娇艳
而让诗人更无地自容

双龙沟颂

我是临时路过,可以肯定
漫不经心伸着脖子,那几只鹅刚从风雨桥下穿过
春雨迷蒙,我在判断挂在双龙古楠的风铃
谁对我们呼喊
惊醒不了帐篷酒店里宁静的
枕着石头的雨声
这是三月,不见苗妹起舞
听不见苗山炫丽的《苗魅》,只见烟雨

在双龙沟上悠游的鹅
换了芦笙
你说山河无恙又到阳春三月赏花季
让我心无旁骛地走进森林公园
可你如何知道林花早匆匆谢了春红

日记：小雪的雪及其他

我为空出的杯子沏上热茶
龙井或者普洱，喜悦和焦躁一起
侵入小雪这个节气

"春色先从草际归"……
把那些奇葩的诗句，一个字一个字剖开
堆砌的词语（尽管看上去那么美）
连同尘埃都收拾收拾
把日子过成今天虚度的样子

从窗口望去，那些老人有力的舞步
恰恰还是探戈，像厨子割开一只鸡的喉咙
那么轻而易举

嘴唇呷过一口暖暖的茶
落下来的词汇
空洞的，正是整个节气里的晴朗

端午抒怀

门上的艾青,深邃的诗意
和风俗一样
我至今不曾见过的汨罗的水
却激荡了两千多年
神圣地烘托赛龙舟的鼓点,风雅颂
不如温一杯雄黄酒
不如与一江的悲悯和泪滴
不如波澜浩荡
一气呵成,魂去来兮

那个久远的士大夫
让沉底于江水的石头明亮
由风解开峨冠博带
用这样的节日来祭奠,虚掩的欢乐
眺望直至注解了变暖的水
隐秘的艾香缠绕过抒情的倚笔离愁

"离娄微睇兮,瞽谓之不明"
将全在五月初五,临风而立
用诗歌吟诵的方式,长太息,哀郢忧思
奏响了热血的不朽
光芒的乐章

芦笙共

"呀呜,梦呜"
风吹走了金芦笙的风情
《苗魅》里排练好的语声
惊醒了过路的南腔北调
某种呼唤,我听得到
夹杂在沉默里的惊叹:
一个音符就是一颗跳跃的心

如果此刻奔赴而来
该以什么样的姿势来听懂众多芦笙里的
生机,似乎在火焰里翻腾
爱一个地方,遇见的所有都是:
这一片芦笙的颂唱

这颂唱过的,一定是
苗寨里额外的光泽

路过

(一)

雨打在车上,然后又被雨刮器驱赶
一场雨路过　我的视线
和匆匆忙忙的人
含着泪
也许还有笑声
呼啸而过

雨水落下来,又滑走,在路过的空隙里
深呼吸　我们见面握手
逐渐喜笑颜开

在一起热烈喝酒的人
也都散去了

酒醉了又醒来了

（二）

很匆忙
我就来了
风来不及吹
我踩着表情不一的石板路
不惊扰他们了

"你来过？"
很匆忙地路过

春风归

要说春风回来,这是一件多么富有想象力的事
有些花最终开成了花,无可厚非
风拂过,抓不住
有芬芳　香味渗入
也有一些花,最终只是花骨朵
在大地上,画满窗子
一遍又一遍挥霍你的形象
穿堂而走,翻乱了一本诗集

春风劫

准时嵌入我的
品茗的茶香,我的下午时间
划过我眼睑虚无的风,打败意欲飘散的
香烟从右手迅速转至左手,我的
立春从小寒开始迅速占领,显然
风通常有一些大
月亮迅速升起,直到
天空中所有轻若云烟的处境
依稀荒芜

春风斩

风换成春的速度
桃花在青秀山打开季节寄存的包裹
仪式隆重而热烈

我的手还残留你的温度
写在花蕾的情信
逐一展开,并绽放

还有更晦涩的一部分
被暖风包围　绕枝飞
早早落入柔软
直抵春天里的一些伤痛

邕江

邕江是穿城而过的。邕城
就是这样找到自己的

我至今根本不关心弯曲有致的，江
从哪儿来，左江抑或右江
四处张望，尽力让每一刻都是陌生的
水，接纳一座座造型各异的
桥，土地、高楼以及空气
有家乡的方言，必定流过我的家乡
还有比这更动听的吗
还有比动听的更纯粹的吗
辽阔、固执
而且还终将流入大海
比梦还要宽阔

终将——把这座唤作邕的城
过成另一个故乡
湮没了我的所有想象

南宁之释

风渐渐柔软。尽管写诗
能让风呼啸出凌空的姿势
街道折起来
就是高楼
从凤岭北到五象湖
从美丽南方往南
见证伶俐夜光漂洗的
摩天轮,青山塔,英雄的木棉婆娑
去往春天的路上
久居嘴角的,注解
寂静,跑在民族大道上
慢下来的邕江,说好的母亲河
终归不经意地赠送给大海
正像用脸上的褶皱
回应不需要知道的
是否来过

各人有各人的南宁

卖唱人走调的歌声,消失在中山路
虽然在夜空中飘荡
人来人往,但是更容易听见
猜码声,带着啤酒的温度
和不认识的人,争论
木棉开花时有叶子吗?
"有花就不会有叶子"

不辞而别的前夜
醒来,就有悲悯的梦推开窗子
他像一个诗人一样:
相思湖到南湖要走多久?
诗人翻出他的诗集
"地铁应该快一些"

民歌倜傥,我试图
与这一切和谐相爱

吃老友粉，夜跑南湖，青秀山吹风
甚至在摩天轮下
对着五象湖高喊：
"我热爱南宁"

睡莲畔所思

十指连心。听我说
所见皆寐
生活无不淤泥
头顶阳光
我和过路的诗人
无法见证劳作的手
可是捧出沸腾的娇艳
是谁?

清明·存照

雨水飘零
从空气中游过
洒过穿行的汽车
精致的花草树木
一场深夜的雨
落到清明

延缓了的时间
清明撕开春天而来
大地也曾悲鸣
留下一地泪
如雨

留下活着的人们
倚窗凝望

留下一堆依依不舍的
目光

油茶

茶我是常喝的
油茶也应该可以
很多年以来,我一直没有去尝试

午后悠闲的院子里
那不停打油茶的女子
很认真地和油茶的前生交换意见

后来,她们说,这是少数民族的独特象征
在三江,在恭城
在南宁的壮族、瑶族……的特色餐厅里也有
沉迷其中,她们说茶里有传奇,有情歌

坐在城市的红木包围的茶室里
我也端起了一碗

阳光和今天的一样

那么炽烈
茶却是香的
嘴唇呷过
饮下的是
心神安宁的全部百转柔情

覃塘荷色

当然是那个覃塘,荷花绽放
正是时节
一帮人曾经来来往往,东张西望地路过
诗人云起说,覃塘有万顷芬芳,可以去看看

"你看你看,
那些和荷花一样盛开的
一定浩荡绽放"
三千亩,又怎敌眼神所及的这一枝。一朵花开
所有人的眼睛也亮了
而我
想把赞美深藏
就怕被同行的诗人看破

一切都是老样子
睡莲夜夜不停歇收敛她的醉态
荷花靠着丝丝相连的花茎守候着奔放和娇艳

总是用一丝不苟的灿烂
迎合着诗人们早就没有新意的赞美辞

覃塘是塘,
荷香交织笑声汹涌
"果真太美,色超过香
明年还来吧"

秋天穿过青秀山

与汹涌的心跳　握手
向准时沸腾的季节　致敬
我再也听不见风
像一杯酒灌满全身
从青秀山的透明中穿过

听不见风　也无所谓
我必须写一首诗,似衣锦还乡
让许多人在青山塔上等待
赞美每场胜利
我用步道上的脚印
呼喊这个季节的名字
用这些名字铭记希望

与路过的人们举杯畅饮
歌颂如意,吟唱秋天
以及秋天穿过的青秀山

与这座城市里勤劳的人

秋天穿过青秀山
而我穿过秋天

聚于斯

穿过脚下石板的水
绕开石桥、古树、路过的人
汇合,聚于斯

和旧时光作揖
独影的水草就着不经意的笑声
白云浮现,没有停顿
风吹过
只留下门楼

我是随着那些来过的人
接着散开

"在稻穗下乘凉"

"长得比高粱还高
穗子比扫帚还长
籽粒像花生那么大"
袁隆平将他的一生入诗
歌颂的却是水稻
站起来是稻香荡漾
躺下去是风中沉甸甸的饱满
今日稻叶上的露珠,成了
遗落世间的一滴泪
却滋润了丰腴的希冀
汉字装不下光芒
纷纷折射成诗人苍白的句子

如果一定要让这些分行来
抒情。歌颂
那就让文字列队
"在稻穗下乘凉"

九洲江已装不下我的爱情

曾在江的岸上以一百种姿势
想象过那些壮丽的爱情
一如长江抑或黄河
热烈而奔放
其实站在九洲江边,想象所不及的
根本不止那样的热烈和奔放

流水荡漾又看似波澜不惊
我想这一世的爱情就如眼前的这条江
这一条温暖如母亲的手抚过我的头的
九洲江
热烈和奔放都在江水的缓缓流淌里
江边沿岸的子民,勤奋而纯朴的我的乡亲
任何一条赖以为母亲河的江
骄傲无比的江
也曾让我涅槃
在我离开江以及江边的那一片土地之前

我一直以为这就是我的爱情

想象里的九洲江
蔓延出更多的脉脉温情
江畔的沙子都是那么的细腻
江水甚至都温顺得不泛动浪花
然而这就是我的爱情
而我的爱情
一条九洲江都装不下
那么热烈
又如此奔放

陆川（组诗）

陆川县位于广西壮族自治区东南部，气候温和，土地肥沃，县境内因有九洲江、米马河、沙湖河、榕江河、低阳河和清湖河六条河流而得名……

　　始终以热爱为翅膀
　　拥抱在一起的不仅是故乡
　　如同驶过往日的希望
　　幸福如此轻而易举
　　水漫六条江与河
　　拧成一根绳，攥在手心
　　星空下的记忆
　　那些笑脸里
　　到哪里都携着光芒深处的思念
　　飞翔的意义，是这一刻的宁谧……

九洲江

曾歌颂过九洲江装不下的爱
我一定是格外执着于此
入迷地思索过,以交际的方式
用九个沙洲堆积的固执
赞扬一条被誉为母亲河的江
试图掩饰眼睛里的燃烧
飞翔带动的信仰
全在九洲江弯弯曲曲的历史沧桑里

六川之首
用她的壮阔温润地抚摸
流水过滤着浮尘,无私而轻盈
穿城而过
"九洲江,厓嘀①母亲河……"
八十多万客家人爱用方言亲密呼唤
脸上浮动的温柔闪着光芒
游子啊,去了又回——
流水荡漾又看似波澜不惊
一条江流淌的爱如母亲的手
抚过我的固执和想念

----
①厓嘀,客家话,表示"我的"。

米马河

处处是水,又不止是水
来自一条自北向南流的江
只是附属在南流江的一条支流
能读出什么心思来
那么多年过去了
米马河随着其他江水一起入海
甚至多数人只记得以这条河命名的美食餐厅
而不记得暗香浮动
河边的口味

沉默不是米马河的表情
请河边的树,请不知名的植物,请只是路过的河水
用生长的方向,采集河边的所有细节
告诉江边沿岸的子民,勤奋而纯朴的我的乡亲
家乡的气味

沙湖河

水流缓慢
慢到让人们只记得沙湖,而忘记了河

忘记了也不要紧
把童声送远,不急不缓
沙湖河在镇村流过
不惊扰坐在河边恋爱的情侣
伴随着村头老水牛的呢喃
还有,还有父亲年轻时在河边捉鱼的笑声

不知什么时候开始
绕着河走的阳光,依旧缩成沙湖河里的
无名的石头和水草
忽略掉来不及卸下的晶莹
我只听得见流水洗涤过盛开的轻吟
和沙湖河一起荡漾

榕江河

河水比你早一步到达
饱满的尘事
河边还有鸟鸣掠过,只是不见了那只白鹭
榕江河像蛰伏在陆川的印迹
捉螃蟹的孩子早摇晃在都市的霓虹里

那些灯影也映照不出白鹭的倒影

我想再看一看我想歌颂的
还是不是那些心的律动
尽管知道结果。是否还需要求证
缄默的河流是我在南宁的一滴泪
越收越紧,就是白鹭衔过的榕江河里的水

白鹭振翅飞起的滩涂上
榕江河水像往常一样
直到时间可以挂满习惯的城市
习惯的喧嚣
意犹未尽

低阳河

燕子衔来低阳河的水
和河滩的泥
老房子还有燕子筑下的巢
我不知道是不是当初的那只燕子来过

每次驻足老厅堂的燕窝
都让我遥想是低阳河的清澈
照亮门前塘水里最后一丝春色
"月光光,秀才郎,骑白马,过莲塘……"
外婆教的《月光光》湿润了眼睛里的诗
养个鲤嘛①早就讨不了新娘
低阳河水忍了四十年的深情
多年前已和燕子结盟
谈笑从容,却让丈量低阳河水深浅的人
变成一个多余的影子

清湖河

插秧,收割稻子
扬起的草帽和滴下稻田的汗珠
清湖河显影,就是穿过这些笑声而流过
天空隐喻春天想做的事情
岭上的黄花还洒落在清湖河的水里
而远离家乡的人却听不到河水滋养的朗朗笑声

---

① 鲤嘛,客家话,意为鲤鱼王。

我迷恋这些耳熟能详的
顺从内心盛装的注脚
如果愿意,让失落这把锋利的刀
雕刻出精致的时间妆容
将无缘无故暗自远走的场景
重新设计
清湖河水里旧年的疼痛
又无比清晰地描述着
远在他乡的安慰

后　记

很多朋友依稀记得我写过诗，而我作为一名诗人被人认识确实是比较久远的事了。我年少时读了一些书，便开始练习写分行文字，也因为彼时对于文学爱好者的鼓励多过对其实力的赞许，因此早在1992年我便与广西民族出版社结缘，出版了第一本诗集《大花房》。但由于某些原因，我从1999年开始不再写作，也慢慢远离了文学圈。而我在其他圈子也许远不比在文学圈更荣光、更可以满足我的虚荣心，但也算是安于当时境况。因此商业圈、生活圈里的友人自然慢慢地淡忘了我曾经是一名诗人，以至于我偶尔在一些演讲里，甚至在某些重要会议上冒出几句有诗意的句子都可以激起掌声，被听众以为是一位有才华的人。可见我离诗歌是有多么的遥远，同时可见诗歌是多么的令人愉悦。

尽管诗性的生活令人魂牵梦绕，但无数

的实践证明诗歌对于生活，对于人性，对于那些困在艰苦环境里的人来说，又是那么不重要，甚至那么轻。直至现在我还是如此认为，和生存比起来，诗歌真的没有那么重要。这也为我快二十年不写诗找到了理所当然的借口。但是一路走来，结识的一些朋友或合作伙伴，若干年后才知道他们也爱诗，原来我的身边不缺爱诗的、有诗歌情结的人。我在深圳创业时就有这样一个同事，他后来回家乡发展，出版了两本诗集，我方知道他原本是一名诗人。我读过他的诗歌作品，写得相当不错，我甚至为他的诗歌写过评论。彼时，我们才感叹，其实我们之间的话题还可以更广泛，只是彼此在相处中更注重商业原则而非文学之交。他说像我们这样写诗的人不能自我边缘化，我们应该庆幸作为非专业写作者，我们还能在这条路上不断地存在，不停地摸索。也许摸索的过程才能带给我们享受吧。

2019年7月的某日，我在自己的工作日历上记下著名诗人维斯瓦娃·辛波丝卡的著名诗句，她说："我们通晓地球到星辰的广袤空间，却在地面到头骨之间迷失了方向。"而我也是属于迷失了方向的人，往往越往后走，就越发觉得诗歌其实是多么的重，重到不敢轻易动手去实践，心怀敬畏所以忐忑，很多人以为是矫情。我不妄自猜测其他诗人对待诗歌的态度，但是越久不写，再想写时顾忌就越多,这是因为它在我心中太重太重了,以至于在很多人看来很简单的几个分行短句,我都会思索良久才写成。

写诗是一件不容易的事。自始至终,我都认为诗歌是顶级的文学形式。人与诗歌更近些,其生命的价值就更高。多数人认同这一点,因此写诗者众,懂得把想说的话勉强分行,那也许就是大众理解的诗歌,毕竟时代只是缺少诗歌而不是诗人。

记得是在2019年,一次偶然的机会,在旧时诗友的鼓动下,我参加了南宁当地的一个诗歌活动。活动的场面相当热烈,彼时彼景着实久违且令我感慨不已,让我对诗歌油然生起更多的敬重。面对着人头攒动的场景,多少诗人以及写多少诗歌精品,一点都不重要了,此刻的诗坛,和当年热闹的文学氛围显然又不一样。诗歌就是一杯美妙的甜白葡萄酒,盛在大家能捧起的杯子里,成了一种相谈甚欢的社交工具。也正缘于此,我觉得既然来都来了,那就重新归队吧,但愿回来还是当初那个有热泪、有激情的少年。

这次2019年归队,我意识到:忽略了诗歌,终究会失去许多。我认识的很多朋友近些年都在回归文学,重执诗笔,每当酒过三巡,往往情不自禁,真情流露,任何伪装都抵不过发自内心的一句诗,他们都是在内心里藏着诗歌的人。而我,也是这样的人。

好在,我坚持下来了。《必要的迷恋》中就集结了我近几年陆续完成的文字。这里面的文字自觉水平参差不齐,我甚至把不少有关采风、节气等应景而就的文字也收集进来,并基本保留了当初写作时的样子,目的就是想全方位地对过去几年自己重新归来的写作进行小结。

"真正的梦想是永远不会离你而去的,他在我们最后那一根硬骨头里。"所以也不要奇怪我写得并不太好的诗歌里面,还会有一点文学的本质。我只不过是一个历尽生活艰辛,在和生命比拼倔强的当初少年。

也许,这恰恰就是我们追求的纯粹的诗歌,没有任何企图心的诗歌,而我们也可能因此成为最接近文学本质的人。

诗歌会一直告诉我们值得迷恋的意义。在这些意义里,我当然要感谢时间,让我更加成熟,更懂得爱的价值;我要感谢广西民族出版社,三十年过去了依旧不遗漏我这样一个"老人",把我重新拉回诗歌创作圈;我还要感谢一大批师友,其中不但有当初的老师、德高望重的前辈,也有近年结交的诗友,是他们不断地给我鼓励,包括赞美,让我增加了很多写作的信心、勇气;同时,我的家人,特别是我的爱人默默地在我的背后支持我、包容我，让我除了经营生活和事业之外，拥有更辽阔的无限可能……这些都是书名为《必要的迷恋》的意蕴所在。

丘文桥
2022年4月于南宁

图书在版编目（CIP）数据

必要的迷恋 / 丘文桥著 . —南宁：广西民族出版社，2022.12（2023.5 重印）
ISBN 978-7-5363-7633-5

Ⅰ.①必… Ⅱ.①丘… Ⅲ.①诗集—中国—当代 Ⅳ.①I227

中国版本图书馆CIP数据核字（2022）第217854号

BIYAO DE MILIAN

必要的迷恋

著　　者：丘文桥

出 版 人：石朝雄
组　　稿：韦雪薇
责任编辑：张惠琼
美术编辑：林武圣
责任校对：雷　舟　孙　书
责任印制：梁海彪　张东杰
出版发行：广西民族出版社
　　　　　地址：广西南宁市青秀区桂春路3号　邮编：530028
　　　　　电话：0771-5523216　传真：0771-5523225
　　　　　电子邮箱：bws@gxmzbook.com
印　　刷：三河市嵩川印刷有限公司
规　　格：787毫米×1092毫米　1/32
印　　张：6.25
字　　数：100千
版　　次：2022年12月第1版
印　　次：2023年5月第2次印刷
书　　号：ISBN 978-7-5363-7633-5
定　　价：36.00元

※ 版权所有·侵权必究 ※